툭

툭

펴낸날 _ 2018년 5월 25일
지은이 _ 양태의
펴낸곳 _ 기획출판 오름
등록번호 _ 동구 제364-1999-000006호
등록일자 _ 1999년 2월 25일
주소 _ 대전광역시 동구 대전로 815번길 125 2층 (삼성동)
전화 _ 042.637.1486
팩스 _ 042.637.1288
E-mail _ orumplus@hanmail.net

ISBN _ 978-89-90151-05-6
값 7,000원

「이 도서의 국립중앙도서관 출판예정도서목록(CIP)은 서지정보유통지원시스템 홈페이지(http://seoji.nl.go.kr)와 국가자료공동목록시스템(http://www.nl.go.kr/kolisnet)에서 이용하실 수 있습니다. (CIP제어번호 : CIP2018015443)」

※ 이 시집은 (재)대전문화재단과 대전광역시의 지원을 받아 펴냅니다.

양태의 4시집

, 툭

OrumEdition

■ 첫시

그이

받아줄 거라
쉽게 생각했다. 함부로 나부대며 추근거렸다

아니었다

하 맑고 그윽하여 그의 눈, 채 읽지 못했다
가득 차고도 남는 품, 안아볼 재간 없었다

그만 돌아설까 망설이는데
애처롭게 바라보네

나, 발길 돌리지 못하겠네
세상에

천지가 멍, 할뿐

차례

꽃잎우표

할 수 있다고, 훨훨
날 수 있다고, 바람이 초싹거리는 바람에 덜컥 손을 놓아버린 꽃잎, 허방에 헛발 디뎌 아찔했던 몸 추슬러 머리를 땅 쪽으로 돌린다, 수구초심의
저 분분한 낙화들

보내는 사람 공란 받는 사람도 공란인 지구의 겉봉
깡똥하게 깎은 회양목 단발머리 위에, 탱자나무 울타리 가시어깨 위에, 허물어진 담장 모퉁이의 덜 아문 상처 언저리에, 질퍽거리는 시궁창 사타구니에 찰싹 찰싹

스스럼없이 알몸 얹는 꽃잎들

4월은 더더귀더더귀 꽃잎우표 붙여 택배 중

느릿느릿 소리 나지 않는 3단 로켓
뿌리로켓 줄기로켓 가지로켓에 실어 땅심이 쏘아올린, 하늘로 쏘아올린 물로켓의 환한 절정들, 제2폭발 제3폭발로 다시 아찔해지는데

동시다발로 팡팡 터지는 황홀을 올라타고, 헤이!

나는, 지금 대기권 밖으로 진입 중

사이

베란다창과 거실창의
햇볕과 불빛 사이
얼었다 녹았다 하는
밤과 낮 사이
늦은 동면과 빠른 춘곤의
긴장과 해찰 사이

아이, 망측해라!

아가리 찢어발기는 영산홍의
만개한 하품
째지게 벌려 오므리지 못하는
목구멍 사이로 여지없이
탄로나는 봄의
새빨간
목젖

연필 나무

나무들에게도 지난 밤
뒤척이던 생각들 많았나 보다
낙엽들 여기저기 흩어져 쌓였다
저렇게 흩날리며 쌓이는 생각들을 붙잡기 위해
봄바람 여름폭우를 견디며 나무들은
부지런히 키를 세우고 팔을 뻗었나 보다
적요하게 엎드린 생각들 뒤적여 보려는 것일까
형형색색으로 녹슬어 뒹구는 나뭇잎들 옆구릴
지나치던 바람이 툭툭 건드리자
끊긴 생각의 불씨를 꺼트리지 않으려
떨어져 내린 나뭇잎들 바삭바삭
남은 햇살 그러안으며 제 그늘 옆으로 서로를 끌어당긴다
펄펄뛰던 우레 소리와 정처 없는 구름 발걸음 다잡아서
일렁이던 바람자락과 내리꽂던 폭염의 격정 다독거려
새소리 꽃향기에 헹궈내고 물의 길로 맥을 잡아
그려놓은 생각들,
무성했던 분신들을 일부러 놓쳐주며 나무들은
매서운 추위의 칼날에 온몸을 맡길 태세다
만발했던 잡념처럼 불어난 군살들 깎아 내며

단단하고 꼿꼿한 연필심으로

이 겨울을 차갑게 다시 세울 것이다

수직으로 달리는 나무

지금
자전거 앞바퀴는 절벽의 배를 찢으며 탈출에 안간힘이고
자전거 뒷바퀴는 절벽의 등을 찌르며 돌진에 집중 중이다.
과녁을 관통한 화살이 골드에 갇히는 순간
자전거 페달은 나무의 심장 깊이 박혀 가속을 공회전시키며
요지부동, 통째로 먹히고 있다.

나무가
자전거를 먹으리라고는 아무도 상상하지 못했다.
이 얼토당토않은, 상식의 허를 정곡으로 찌르며 나무는
사람의 일상을 반박하고 싶은 것이다.
제 몸통보다 굵은 먹이를 꾸역꾸역 삼키고 있는 뱀처럼,
부드러운 목질의 옆구리를 벌려 자전거를 삼키던 시뻘건 녹과
시커멓게 말라붙던 기름 냄새와 페달을 돌리던 힘줄의 다 식은 속도까지를
핥고 있는 중일 것이다.
그렇다.
방치한 용도폐기를 맛난 밥으로 들어 올리는 나무의 증언은
생생한 육화다.

랄랄라
빛의 속도로 달리는 우주의 시간
자전거에 실어 기대놓은 소년기의 고장 난 호기심이 방금
나무가 발 뻗은 흙속으로 사라졌다.
불가청의 포효 속에 세우는 진기록
날고 싶은 자전거의 다 삭은 날개가 훨훨, 공중부양하고 있다.

쿵쾅쿵쾅
자전거를 타고 싶은 나무가 육중한 옆구리에 빨간 자전거를
끼고 달린다.
관통상을 자초하며 따르릉따르릉, 페달을 앞으로 밟아 수평
으로 달리던 자전거의
신나는 질주를 다 삼킬 때까지
페달을 밖으로 돌려 팔랑팔랑, 날개를 위로 저으며

우는 나이테

낙산사 원통전
기도도량으로 서 있던
기둥들
물 맞고 바람맞고
불 맞은 나이테가

뒤늦은 악장樂匠의
낡은 지문을 만나
물길 건너다 젖어서 울고
길길이 불길로 뛰면서 울고
바람길 둥둥 두드려 운다

울다가 울음 그친 나이테
마침내 지음知音의 활줄에 얼싸!
온몸 싣는
어름사니 된다

발바닥

천불동 내려가는 가파른 비탈에
아름드리나무 쓰러져 있다
어려서도 용하게 견디어 내던 왜바람 맞아 벌러덩!
뿌리는 하늘을 향하고 우듬지 골짝에 박혔다
다 늙어 뽑힌 발바닥이 난생 처음 쳐다본 하늘
아찔하여 하얗게 질려 있다
미명에 눈 떠 별빛 타고 내려와선
고집처럼 딱딱한 정박의 영토 더 깊이 파고들며
미끄러지지 않으려던 몸 비빔
그 생생한 꿈틀거림으로 하늘을 움켜쥔 채
이제는 그만 하산하고 싶은지 길옆에 머춤하니 웅크렸다
자고로 뿌리는 넓고 깊어야 했는데
지상의 나무 한 채는 지하에 저를 닮은 무게 한 채를
비장하면서 몸집 불리는 것이었는데
곧은뿌리 하나 없이 아슬아슬 옆으로 발가락 뻗던 발바닥
우람한 정착의 밑바닥이 큰집 툇마루에 끝물고추 몇 줌
널어놓은 맷방석처럼 작고 얇다
저렇게 작고 얇은 발바닥으로
턱없이 큰 덩치를 받치고 있었다니
저렇게 와글와글 엉킨 발가락 사이로 필시

아득한 은하의 물소리는 흘러
으리으리한 성채城砦 몇 채의 거센 풍우를 달랬으리라
죽어서도 숨찬 노역의 길들 바글거리는 저 발바닥
자잘한 자식들 건장하게 쑥쑥 키워 새 터에 옮겨 심고
깊은 골짝 텅 빈 하늘에 내다 말리는 어머니
당신의 자그만 평발바닥!

물렁한 수직 화살

검은 아스팔트 바닥에 하얀 빗줄기 세우신다
세우는 족족 지워지는
하늘 화백님이 북북 그어대는
컴컴한 어둠 속의 빗줄기는
환한 수직이다
천만근 통증이 어지러운 화살들
벼락망치로 때려 박아도 꽂히지 않는다
번개용접봉으로도 이어지지 않는다
이율배반같이
실바람에도 휘청, 구부러지길 잘한다
유목의 그릇을 빼곡히 빗금 쳐 장식하던 화살
억수로 쏟아져 음란과 포악을 매장하던 화살
맞히는 데가 곧 과녁이므로 백발백중
양궁으로 치면 120점 만점의 금메달 감인데
명궁 너머 신궁이
홍심을 적중하는 순간 둥근 촉이 뭉개져
아득한 청동기의 동심원을 그렸다 지우며 또 그린다
물렁한 수직 화살들이 부러진 바닥에 징소리의 파문으로 달려
우르르 명중을 알린다, 동서남북
트는 먼동이 홍건하다

꿈꾸던 돌멩이

물렁한 황금빛 벼랑 깊숙이
검은 그림자들로 살아서 꿈틀거리는 돌멩이 하나
간월산 계곡물에서 건져 올렸다.

방사형으로 뻗어 야음을 뒤적이는 새벽 고양이의 수염과
아무르강 콧김 시린 아침나절을 무동 태운 순록의 여문 어깨뼈와
어둑어둑 시뻘건 모래 언덕을 끌고 오는 낙타의 발굽까지
영남의 알프스 골짝 수중모텔에 투숙하며,
지구마을 대동계 발기인대회라도 열려는 것인가?

왜 꿈은 경계가 흐릿한 그림자글자들로 나타나는가?

성질 급한 빛 속으로 꺼내져 동작 그만!
물 뚝뚝 흘리며 현상되다 멈춘
펭귄의 양팔 날개는 부옇게 바스러지고
내비게이션이 고장 난 코끼리의 귀는 무성한 밀림
판독불가의 새까만 안개 속에 길을 놓쳐서
성원 미달로 무산되면 어쩌나?

탐석의 습관, 사사로운 욕심의 손가락 끝에 잡힌
반구대 암각화 시절로 되돌아오던 형상들
지상의 짧은 학력으론 풀 수 없는 은어와 암호들이지만
퇴적의 두터운 날밤의 통증, 그 흉터를 핥아대던 물과 바람의 혓바닥이

오백 년을 더 핥아 아물리면 등천할 수 있을까?

물 속 요람에 토닥토닥 도로 뉘어 놓았다.

의자의 양말

인조 가죽 붉은 소파에 앉으며
아내의 뜨개질은 시작된다

이번 차례는 다다음달에 장가드는 아들네 의자들
새로 깐 방바닥을 긁어버릴 거라며
굵고 투박한 마디 손을 깝죽깝죽 놀려댄다
저 신기하게 날렵한 손놀림이
뱅글뱅글 이어 붙인 한 코 한 코
지구마을 고샅고샅 반쯤은 답사했을 것이다
상처를 감싸주는 붕대처럼
아이들의 지친 궁둥짝과 등짝을 받쳐 줄 의자
그 의자를 지탱해 주는 네 다리
그 네 다리의 발바닥에 신길 양말

입에서 하얀 실 토해 내며 누에, 고치 짓듯
손가락 끝에서 갈색의 실 뽑아 내며
딸각딸각
아내의 신명나는 바디질 소리가
아들네 의자 양말을 짜고 있다
한밤에도 벗지 않을 패션 양말
여름에 무좀 걸리지 않을 그물 양말

아내의 손

저녁 설거지 마치고 잠시
티브이 앞에 앉는 아내 손을 잡으면
못 이기는 척 가만 둔다
미로같이 좁은 길 바글대는 알팍한 대지 위에
투박한 흙산 하나를 얹는 셈인데
어린 잠처럼 새근대는 숨결이 마른 모래밭을 적신다
덜컹덜컹 버거웠던 가계의 녹슨 두 바퀴가
비를 맞는 비탈
연탄 냄새 매캐한 셋방 골목을 기어오른다
직장에서 집으로 남편에게서 자식들에게로
시집과 친가의 시시콜콜한 잔일들까지 두 손에 가득 담아
새벽에서 밤중까지 동동거리던 좁은 발바닥이
콩콩콩콩 여름비 겨울바람 헤치며 올라온다
아는가, 당신
볼품없는 손에 어울리지 않는다고
결혼반지 빼어 놓던 날의 씁쓸함을
지난날의 고단함이 업장으로 떨고 있는
당신의 손바닥을 핥으며 우리는 여기 왔고
나의 군시러움을 문질러대던 당신의 부푼 손등이
숨 가쁜 언덕이었음을 아네

빈손들 맨손으로 보내지 않으려 바닥내던 큰 손이
수북이 쌓인 빨래더미 위에 얹힌다
이슥해지는 시간을 차곡차곡 접어 개는 저 손이
시린 몸 받아들인 메리야스며 팬티였고
보란 듯이 이름 펄럭여 준 나의 코트자락이었네

후포 여자

청바지에 하얀 장화, 빨강 고무장갑 끼고
찰랑찰랑 해 뜨는 아침바다로나 출렁거리며
어시장 건조대에 도미 헹궈 너는 여자
탱탱하게 익은 사과 쪼개듯이
머리에서 꼬리까지 펄펄 뛰던 호흡들 짝 갈라 놓고
밥통에 창자에 간에 쓸개까지
박박 긁어 속 발라낸 뒤
얄팍한 껍데기 쫙 펼쳐
질펵한 물기 넓적넓적 말리는
훤칠하니 시원시원한 걸음걸이의 여자
가오리 가슴팍에 휑하니 구멍 하나 뚫어
동해바다 상처 받지 않고 헤엄쳐 오듯
남은 생 바람 헤치고 성한 몸으로 말라 가라고
다 마른 뒤의 저승에서의 생은 여기에나 걸어 두라고
꾸들꾸들 물기 빼는 여자
속은 텅텅 비워서 널어야 곪지 않는 법
속은 닥닥 긁어서 펴줘야 버겁지 않은 법
더는 상하지 않고 가볍게 실려 나가
알가자미 도다리가자미 물가자미 아구다리가자미 강느가자미
대구 오징어 도루묵 임연수어 텅수 곰 풀조지 해뜨기…

인육人肉으로의 환생을 꿈꾸듯
자기도 모르는 사이에 물 말리는 일에 이골이 나
아침마다 자기 속도 비워 말리는 여자
홍건하던 하초의 물꼬
자작자작 잦아지는 중년의 여자
비린내 풀풀 날리며, 종국에는
흙냄새로의 환생을 꿈꾸는
곱상한 얼굴, 눈언저리에 언뜻언뜻 비치는
후포 앞바다 잔잔한 물결의 저 여자

니사의 정부

니사
나직이 불러봅니다.
다시, 니사, 그윽이 불러봅니다.
나의 첫 애인 리자를 연상시키는 이름
내 귀를 웃돌던 알맞은 중키에 은은한 우윳빛 리자
애타는 마음 뿐, 말 한번 붙여보지 못했지만 리자
요한 스트라우스의 다뉴브강 잔물결에
티베트고원 마른 잠 깨우는 바람의 억양을 섞은 것 같은
니사실바티카Nissasylvatica가 그의 본명이지만 그냥
니사라고 부릅니다.

그녀는 천리포수목원 큰연못가에 서 있습니다.
리자의 긴 머리처럼 가지런히 빗어 내린 가지들이
로마네스크 둥근 천정 같은 기다림을 받쳐 들고 있습니다.
처억척 늘어뜨린 주렴의 시간들을 모르는 척 열고 들어가 보세요.
지나가는 비[雨]도 눈[眼]도 다 가려주는 그녀의 초록 품안, 거기서
잠시 방심해도 괜찮습니다. 분위기가 좋아 황홀해져서
애인과 쪼옥~ 하고 싶겠지요? 그건

그 댁 형편대로 하세요. 하지만
니사

시월은 수평선 위 구름마음이어서
는개에 젖듯 조곤조곤 흔들리며 진초록 머릿결을 타고
내려오는 붉은 단풍의 그녀, 아름다운 변신을 보셨습니까? 혹시
단풍내전의 신방에 들었던 단잠은 아니십니까, 그렇다면
온몸 감싸는 훈향이 혼미해 놓친 꿈길이시겠죠?
그녀의 신비, 그녀의 마술, 그녀의 정체는 이것으로
다 발각되지 않습니다. 가발 벗고 목욕 마친
그녀의 앙상한 겨울 늑골 깊이 손 넣어보지 않았다면 당신은
진정, 그녀의 정부가 아니지요.

또, 검은 남자

시민회관 오르내리는 가랑이들 사이로 그가 보였다
의탁할 믿음 하나 없이 부유하는 이 거리
돌 축대의 딱딱함에다 등짝이나 붙이고
잠시 비 그친 눅눅한 장마철 오후
여덟팔 자로 팔자 쫙 벌여놓고 앉아서
생전에 등짐 한 번 져본 일 없을 것 같은
얄팍한 어깨 무겁게 꺾고 무엇인가를 열심히 적고 있다

전시장을 한 바퀴 돌아보고 내려오는 참에
그 자리에 고스란히 남아 있는 그가 또 보였다
참을성 없이 쉽게들 토라져 돌아앉는 변덕스러운 현대판에
오랜 시간 저렇게 한 가지에 매달릴 수 있다니
저 끈질긴 집착의 병명은 무엇일까?
깐깐한 체구에 검은 구레나룻의 그가 이 시대의 은자隱者
방랑시인이었던가?
정박을 거부한 채 대사동 앞바다 떠도는 유랑의 틈틈이
묵직한 철학서를 저술하고 있었던가?

저런!
나는 보았다

그 남자 어깨 밑에서 벌어지고 있는 모의
그 남자 무릎 위에서 꿈틀대고 있는 반란을
어디서 주어 왔는지
쓸 만한 여백이 남아 있는 쪽지 위에
아직은 잉크 마르지 않은 볼펜의 뿌리를 꽂고
휘잡아 돌리고 있는 게 아닌가!
유년幼年의 앞마당에 꽁꽁 가두어지는 자폐의 가시울타리
아득한 청동기시대로 중첩되는 동심원들
컴컴한 우물 속 기어 올라오는 연자방아 맷돌 소리
대폭발 직전으로 팽창하는 소행성小行星의 공전
따지고 보면 모든 게 아찔한 구멍들인데

눈구멍 콧구멍 입구멍 목구멍 숨구멍 땀구멍에
응아! 하고 나오던 물컹한 구멍까지
구멍에 걸신들려 구멍으로 뭉쳐진 그가
행려의 밑동을 돌려 새하얀 초점의 새까만 구멍
우주의 카오스를 빨아들이는 블랙홀을
무한정 후벼대고 있었다

아버지의 원두막

이게 바로 아버지의 원두막, 이라고 일러주지 않았으면
무심히 지나칠 뻔하였다
오른편 발치 아래 풀빛 무성한 한 뙈기 손바닥이 '아버지의 밭'
이라고
매실 몇 그루 꽂았다하나 눈에 들어오진 못했다

어린 물결들 재잘거리는 실개천 건너 뜸북뜸북
논둑 밭둑 겅중 지나, 검정고무신
선산에 들던 오붓한 길처
의좋은 소나무 네 형제 기둥삼아 올린
농막이며 원두막이며 동시에 허름한 별서 한 채
발길 끊겨 온기진기 다 식은 이 남루를
불러내 털어 드려야 하나, 그냥 적적이라고 적어 두어야 하나
땅기운 컴컴한 농기구의 1층 헛간이며
오달진 밭건이들 두런거리던 2층 곳간이며
헐떡이던 노구를 뉘어 숨 가누던 3층 몸간이며
구름, 비, 받아 내던 옥상이며
망자를 보내면서 저들의 신명도 뒤따라갔을 것이므로
퇴락의 길 한 모퉁이씩이 무너져 기울고 있다

굵은 줄로 동이고 가는 끈을 얽고 매어서
못하나 치지 않은 대적광전大寂光殿
옛 주인의 소망같이 울창하게 자란 고요가 서너 길이다
먼지 자욱한 처마 밑 거미줄에, 새소리 한 점 걸려
흔들리고
바닥에 귀 붙인 채 허리 구부린 호미의 녹슨 잠, 바스락
지나가던 바람이 그의 발치를 건드리자
아버지 뒤척이는 땀내가 화들짝, 솔숲 가득 번진다

잠시 내려왔던 하늘이 둥둥 떠 새로 올라가고
썰물처럼 멀어진다, 잔기침 소리

진화하는 발

독일 슈투트가르트발레단의 수석 발레리나의
발[足]을 책상 앞 창가에 기대 놓았다
고운 나뭇결이 부드럽게 흐르는 붉은 마룻바닥에
무장해제한 맨발이 겁에 질린 표정으로 긴장하고 있다

지금도 멀리 나는 꿈의 발이다
발은 허공을 디뎌야 했고
추락하지 않기 위해 몸은 가벼워야 했다
두 팔과 양 다리와 열 개의 발가락을
찢고 찢어 무게를 비워 냈다
찢기던 공간과 시간의 발가락이
부챗살처럼 활짝 펴져 있다
더 높이 날기 위해
저 발가락들은 용수철처럼 튀어야 했다
바닥을 가볍게 차고 사뿐히 튀어 오르는 탄성
그 탄성의 경지에 이르려는 지극한 용맹정진으로
만 번을 차 발톱은 쪼개지고
다시 만 번을 차 올려 찰나와 찰나 사이
으깨진 발의 뼈, 마디마디에
크고 작은 굳은살 덩어리가 암처럼 뭉쳐졌다

30년을 찢고 차 마침내 발은
가파른 비탈의 흉측스런 노근露根을 이루었다, 후유!

어느 잠깬 새벽 책상머리에서 우두둑 소리가 났다
뭉툭하게 으등거린 울퉁불퉁 옹이 박힌 기형의 발에서
날렵한 하얀 날개가 돋아나고 있었다, 아아!
나는, 활개를 편 양 날개가 박명薄明을 가볍게 열며
훨훨 헤엄쳐 날아오르는 걸 보았다

무르팍이 왔다

무르팍이 왔다
내 오른 쪽으로 왔다
절뚝절뚝, 이 절뚝거림은 컴퓨터 자판을 두드려야 문장이 되는 나의
독수리 타법 때문이다
어제는 친구들과 아이젠 찬 쇠꼬챙이 발바닥으로 계족산 늙은 발등을
삐틀빼틀 끼적거리며 내려왔다
아버지를 닮아 짝짝이인 다리
가늘고 작은 왼쪽 다리에만 무릎보호대를 한 것이 탈이었다
아픈 무르팍이 왔다
비치적거리는 무르팍이 왔다
질질 끌려 다니시던 아버지의 후반생, 왼쪽 무르팍이 드디어
내 오른쪽에서 도졌다

이 시큰거리는
랄랄라, 반편이 육필

선한 사마리아 악어

사람들 손 높이의 하류에서건
바지랑대 까치발 딛는 중류에서건
하늘강 가로지른 외가닥 줄을 타며 우화등선을 입질하다가
빨래집게
하나뿐인 꼬리지느러미 두 갈래로 쫙, 찢긴 처절과
사정없이 뭉툭, 잘린 참혹
그 상이傷痍의 아픔을 내리고
온몸 통째로 거대한 아가리가 강물보다 무거운 한 침묵 문다
상류를 향한 불구의 유영
때때로 던져주는 미끼, 비린내 빨아낸 메리야스와 지린내 짜낸
팬티와
살내 툭툭 턴 브래지어에 땀내 지운 수건까지 또
고린내 헹군 양말의 자잘한 이력들도 펼쳐 찬찬히 날려 보낸다
결코 킁킁대거나 날름거리지 않는다
업장처럼 정독한 빨래의 행간들을 결코 발설하지 않는다
죽어도 악어인데 그럴 순 없다고,
먹이를 물고 몸뚱어리를 통째로 돌리는 법 없는 별종이다,
작지만
제 한 몸 함부로 틀면
거대한 빨래대륙이 거침없이 무너질 것을 알기 때문이다

거미, 거미줄에 전생을 걸듯 위아래 어금니 맞추어
생애를 공중에 걸고
벌어진 아가미로 허공을 호흡하던 줄꾼 하나
고층아파트 정원수 아래 추락하여 누워 있다
애초부터 명품 가죽의 꿈을 버린, 만신창이 몸
천 섬 만 냥 반함飯含인가, 아가미 그득
흙을 문다

개잠

개가 잠을 잔다. 머리와 다리는 가지런히 오그리고 가만히 내려놓은 등허리가 완만한 능선을 만들며 천천히 고조되는 개잠, 그러나 개에게는 심지어 잠에 드는 오그림과 구부림까지에도 법도가 있으니 동작 하나 자세 하나에 스며 있는 기본기는 순종과 충직이다. 햇볕 드는 양지쪽이건 시원한 그늘 밑이건 개의 사활은 언제나 주인이 매단 목줄의 둘레. 자면서도 약간 짧고 가는 앞다리는 순종의 기억을 고물고물 끌어당기는 중이고 조금 굵고 길며 넓적한 뒷다리로는 느슨한 양심을 불러 충직의 벼리를 조이는 중, 틀림없다. 그래서 귀는 간헐적으로 쫑긋거려 가청의 영역을 순찰하고 코는 방심의 경계에서 새근거린다. 보라 개는 사람처럼 등판을 바닥에 깔아 큰대자로 너부러지거나 엎드려 잠꼬대로 적요의 복판을 뭉개지 않는다. 자면서도 본분을 지켜 잠자리 개판 만들지 않는다.

반만 누워 반쯤 감은 눈과 반쯤 닫은 귀로 저 말랑하게 익히는 반숙의 잠

잠의 각설

두 다리 쭉 뻗고 잔다는 잠의 통설을
오그린 머리와 팔다리가 통렬하게 반박하네요

잠깐 떴다가 이내 감는 지짐지짐 늙은 두 눈이
그걸 딱한 듯 쳐다보는 젊은 눈을 맥 풀리게 외면하고요
우리들 남루한 기억은 종종
굴다리 밑에서 옹색하게 개잠에 들기도 하죠

여차하면 용수철처럼 튀어 나가려고
활시위 모양으로 구부린 긴장
시위잠은 활시위 자체죠

더부살이하듯 눈치 보다가 내 발에 걸려 넘어진
발칫잠이 더부룩 불편하기도 하지만
이북에는 굳잠이라는 잠도 있다지요
미국말 굳good에다 우리말 잠을 딱풀로 붙였는지
겨울잠같이 깊디깊은 속잠이
두더지 땅굴 작전을 펼치기도 하나 보죠
근심 걱정 다 풀어놓은 발편잠도
잠복근무 중인 불편한 심기는 아닌지 모르겠어요

새근새근 만세 부르는 아기의 양팔 날개
살짝 접은 나비잠 속을 유영하는 숨결의 파랑은
지구의 공전보다 우렁찬 가청거리 밖이라지요

꽃처럼 곤한 꽃잠 지피는 꽃불과
신랑 각시 첫날밤 꽃잠 재우던 꽃물이
내 구름이불 속에 들러 잠동무하다가 떠난 게 언제죠?

다랑이 허공

허공도 가꾸기 나름

여우비가 쓸고 간 하늘에
허벌나게 널어놓았네. 다랑이 논배미들
한 배미 비알허공을 경작하기 위해 다이아몬드로 두렁 친,
와!
눈부시다. 검은 거미의 천 날 호락질이
차마고도 노을빛의
장엄 만 평으로 출렁이다니

꼼짝 마라!

세계자연유산 특호?

모독이다.

배추벌레

무슨 심사숙고인 듯
남새밭 배춧잎에 배추벌레, 천생으로 구부러진
삶을 바싹 오그려 온 몸 돌돌 말고 있다
연하고 짧은 발바닥들 거두어 들여
제 할아버지의 할머니가
그 할머니의 할아버지가 가던
아뜩한 절벽의 길을 골똘하나보다
한참의 궁리 끝에 숨겨진 길 찾았는지
꿈틀꿈틀 움츠린 생각의 뭉치 풀어
가파른 행진을 시작한다
눈에 띄지 않으려 쉿!
의뭉스런 배춧잎색깔로 갸웃거리며
은밀하게 그러나 바쁜
저 탐색의 발놀림과 입놀림으로
아슬아슬 흔들리는 녹즙의 길
푸른 땀 철철 나는 길을 장하게 오르며
몸집 통통, 우화의 알을 품는다
미처 길 내지 않은 불모의 배춧잎에, 나는
한 마리의 배추벌레로 매달려

온종일 사각사각 알아듣지 못하는

옹알이만 뱉어낸다

빗개미 어미

빼꾸기처럼 제 알 남에게 맡겨 키우는, 나비를 발견했다고 한다.

사이언스지 최신호에 따르면, 덴마크 코펜하겐대학의 과학자들은 유럽산 잔점박이푸른부전나비가 빗개미의 알과 흡사한 모양과 특징을 가진 알을 낳는다는 사실을 발견했다. 이 때문에 빗개미들은 잔점박이푸른부전나비의 알을 자신의 알로 착각해 집으로 데려가 다 자랄 때까지 먹이고 키운다는 것이다. 한 술 더 떠서, 유럽의 다른 지역에서는 이 잔점박이푸른부전나비들이 빗개미가 아닌 다른 개미들에게 알을 맡겨 키우는 습성이 있다는데,

잔점박이푸른부전나비의 알은 어떻게 생겼을까?
빗개미의 알과 유전자가 다를 텐데 말이야
천하의 거짓말쟁이 사기 전과 7범처럼 허우대 멀쩡하고 목소리도 굵어
그야말로 믿음직스럽게 생겼을까?
요모조모 뜯어봐도 속일 것 같지 않은
사기범이라는 말이 사기일 것같이 미끈하게 빠졌을까?

화장냄새 폴폴 날리며 허리 구부려 기어 나오는 날씬한 꿈의 아가씨

저녁 어스름의 미아리고개? 납작 찌그러진 천변 판잣집 같을까?

아무려면 어떠냐?
빗개미의 어미 되어 잔점박이푸른부전나비 알이라도 한번
품고 싶다
나, 이미 빗개미 어미 품 떠나
꿀 찾아 향기 찾아 이 꽃 저 꽃 위에 쪼그려 앉던
큰점박이푸른부전나비가 아닌가

지렁이

꿈틀꿈틀
구부러진 생으로, 필생의 역작
한일자를 긋던 그가
백주대로에 헛발 디뎌
오그린 채 열반했다
축축한 어둠에 길든 그에겐
한낮으로 훤한 길바닥이
깜깜한 절망의 절벽이었겠다
자세히 살펴보니
힘주어 멈춘 운필의 마디마디에
흐르다 막힌 검은 먹물이
뭉툭뭉툭 뭉쳐있다
통째로 주름투생이인 그가
죽어서도 허물어지지 않기 위해
주름의 틈들을 끌어당긴다
다 닳은 몽당붓을 비틀어 짜며
마침내 올곧은 한 획이 되려고
다시 한 번 꿈틀
집요한 수습이
한일자의 전서체를 완성한다

갈치

갈치가 빛의 전령사라는 걸
아는 사람들, 많지 않다
바다 깊은 어둠 속에 빛을 뿌리며
빛의 파장으로 헤엄쳐 온 그가
동네 슈퍼마켓 지하 좌판 위에
죽어서도 은빛 번득이는
토막 난 날개로 누워 있다

강철을 녹인 불덩이가
물속에서 영글어야
단단한 날이 신다는 사실도
사람들은 곧잘 잊는다
우주의 대장간, 지구의 바다에
절절 끓는 온몸을 던져
서슬 퍼런 날을 벼리다가
목숨 조여 오는 긴박한 순간에도
포위망을 자르지 않은
자루 없는 장검이
지상에서 다시 눈을 떠
얼음에 절여지며

서늘한 날을 세워
그걸 증명하고 있다

얇은 미의微意 봉투 안의 가시
숨어 있는 가시가 참맛을 지켜준
창槍이라는 것을
그를 만나본 사람들은, 다
눈치 챘을 것이다

건태의 변

만나는 친구들 마다
네 남편이 자꾸 말라 간다고
자존심을 엔간히 건드리는가 보다
아내는 틈만 나면 헬스클럽에 나가 보잔다

새벽마다 한 시간 넘게 샘머리공원에 나가 땀 뻘뻘 빼며
선태, 망태, 명태어, 간태, 강태, 북어, 춘태, 왜태, 애태, 애기태, 노가리, 막물태, 은어바지, 동지바지, 일태, 이태, 삼태, 사태, 오태…
지방태란 속명까지 죄다 뽑아내는 중인데
오호츠크바다 찬물을 떠난 섣달바지가
염천炎天의 바닥에서 군더더기 다 빼낸 꼬챙이, 건태로 살아남기 위해
동태, 황태, 더덕북어, 북고어란 직명들 모두 추려 내는 중인데
버려라!
이 탐식성,
말려도 작아지지 않는 아가리

쓰린 속 풀어주는 시원한 국물로 다시 펄펄 끓여질 수 있다면

어머님 밥상에 쩝쩝거리는 짭조름한 입맛으로 되살아날 수 있다면
삼수갑산에 어두워진 눈 밝히는 간유 덩어리, 뭉툭 도려 떼어 주고
아버지 제상에 넓적하니 한 마리 포로 엎드릴 수 있다면…

말하시라 아내여
물을 떠난 명태가 염복炎伏에 제 몸 말려
한 마리 건태로 진화하는 중이라고
말려도 줄어들지 않는 포식의 못된 습관도
지금 막, 내다 거는 중이라고

홍천강 누치

꽁꽁 언 사람들의 강, 나의 투명한 하늘 위로
작은 떡메 세 개가 우레를 끌고 옵니다
기다란 삼지창 한 자루와 방금 꺾은 생나무 한 가지가, 저벅 저벅
발소리를 함께 밀며 옵니다, 살의를 눈치채지 못하는
형벌같이 멀뚱멀뚱한 나의 두 귀와 두 눈이 다 듣고 쳐다봅니다
하늘 밑을 겨냥하며 통통한 내 몸집을 에워싸는 시꺼먼 발바닥들
쾅, 쾅, 쾅!
떡메가 내 정수리에 벼락을 박습니다
나는 잡힐 듯 꼬리치며 전율의 미끼 서넛을 여기저기 흩으려
던져 줍니다, 그러다가 휘적휘적 후벼대는 삼지창의 가운데 토막을
내 심장 한복판이 뭅니다 꽉, 조이는
얼얼한 통증의 쾌감
동시에, 퇴화한 겨드랑이 찢어 삼지창의 가랑이 움켜쥐며
흔들어 전율의 짜릿한 적중을 알립니다
천천히 부양浮揚되며 펄떡이는 내 혼신의 절정
사람의 손에 건져져 생나무 가지에 거꾸로 꿰어집니다

피 철철

땀 철철

열 철철

뜨겁게 씹혀지는 나의 순직殉職이 저들 입맛을 사로잡아 길들여서

내 후손 대대를 별미의 반열에 오르게 할 것이라고

캄캄하게 웅크린 시인에게 일렀습니다, 이 차디찬 사실이

쩌렁쩌렁 홍천강 겨울밤을 다시 얼게

할 것이라는 것도

서서 가는 물고기

오정시장 맞은편 바다횟집 수조에서
막 건져 올린 시커먼 우럭 세 마리
검은 얼굴 검은 셔츠에 검은 비닐치마 둘러친 사내의
검은 그물채 안에 서서 간다
유유히 노를 젓던 꼬리지느러미 벌떡 세워
남사당패 줄광대 외줄을 타듯 조마조마 까치발 디디며
짜디짠 바닷물 같은 땀 한 줄금
주룩, 흘린다
하얀 여름 대낮의 벽을 돌아 비린 전등불빛이 내리꽂는
열반의 형틀, 도마 위에 눠어질 때까지
한 생의 방패, 번쩍이던 비늘이
더 번쩍이는 주방장의 능숙한 칼질에
박박 벗겨질 때까지
벌건 살 저며져서 보기 좋게
쟁반 위에 올려질 때까지
맵고 짠 초고추장에 찍혀
따갑고 얼얼해진 생살
맷돌 같은 어금니에 야금야금
짓이겨질 때까지 할딱할딱
살 수 있을 때까지 전심전력
산 물고기로 할딱거려주기 위해

입

무창포, 신비의 바닷길 열렸다
지구와 해가 마주선 골목으로 달새 날아들어
짹짹거리는 사람들 턱밑에 먹잇감 가득 문 입을 벌렸다
벌린 입 속 여기저기 비장秘藏한 돌멩이들
어깨와 등허리와 옆구리에 다닥다닥 들러붙은 섭조개의
크고 작은 입들 무성하다

파랑같이 흔들리는 생애를 돌의 탄탄함에다 정수리 박으며
나머지 몸 둘레가 통째로 입이며 삽날인
기름기 잘잘 흐르는 검은 원주민들
해저세계의 대륙이란 대륙은 이미 저들의 영토
바닷물의 짜디짬을 빼끔빼끔 삽질하여
안에다 발그레 살꽃 피워 놓은 입속의 입, 방 방 방 방 …
솟을대문이며 방수지퍼도 되는, 저
꽉 잠근 자물통의 캄캄한 침묵들이 일제히
서슬 퍼런 날을 세워 하늘 봐! 하고 있다

옥쇄를 각오한 입들의 인해전술, 난공불락의 성채 같다
누천 대 흘러 녹슬지 않는 수중철책水中鐵柵도 같다
기다려 썰물

이 바닷길 닫히면
반달 모양의 삽날로 단단히 다문 저 입들
비로소 깊은 미명을 열고, 지밀한 혀 내밀어 연신
잔잔한 물결을 삽질하리라, 달싹달싹
담백한 맛의 달빛궁전 한 채씩
가득가득 퍼 담으리라

담채국을 마시다가

아침에 홍합국을 떠 마신다
어젯밤에 술을 든 것도 아닌데
가을 아내가 준비한 별미
하늘밑 땅바닥을 두 발로 기어온
맹한 가슴이 시원하다
짜디짠 세상바다에
실같이 가는 발을 헛디디며
자꾸 미끄러지는 바윗돌을 붙잡으며
검은 덩치로 흔들리던 껍데기
저 달그락거리는 껍데기 속
다 식은 노모의 젖에서
마지막 남은 한 방울까지 닥닥 우려낸
뽀얀 젖 국물, 그
담담한 사랑을 마신다

미역은 사치
실파와 고추 같은 양념이 필요하랴
오장육부 구석구석 해묵은
삶의 이력들을 바락바락 치대어
울컥울컥 토해 낸 뒤

안으로 붉게 다진 속살
자글자글 끓여져서 내어놓는
담황색의 따끈한 헌신보시獻身報施
당신의 담백한 살점을 문다

걸신乞神의 빈 통인 듯
무엇인가를 우겨 넣던 위장이
비로소 시원하다
이, 차디찬 비정非情

하늘의 소리 ·

– 모음송母音頌 1

궁리에 궁리를 물어, 천의 울음 만의 웃음을 치대고 버무려도 헤아릴 수 없는 무량이라, 한 알의 씨알로 집약한 하늘의 소리가 탱글댕글 차지게 여물더라, 사람과 사람 사이 스스럼없는 방울소리로 앞서거니 뒤서거니 다툴 일 없고, 지하의 수레바퀴는 부드럽게 굴러 지상의 감투와 뿔들, 나팔 불고 싶은 나들이를 뚜우뚜우 기꺼이 거드나니

보기에 좋더라 듣기엔 더 좋더라 다 좋더라

땅의 소리 ㅡ

– 모음송母音頌 2

일진광풍一陣狂風이 지나간 지평선은 더욱 평평해졌고, 아득한 광야 저 끝에서 한 떼의 말발굽 소리가 지축을 흔들었다 한일자로 늘어선 땅의 소리 한일자로 진을 친 땅의 나팔소리가 우렁찼다

떨어지는 하늘의 소리를 다치기 않게 받아주기, 떨어진 하늘의 소리 아프지 않게 덮어주기, 땅의 소리는 널따란 보자기가 되었다, 푼더분한 이불이 되었다

소리의 싹을 틔우고 소리의 뿌리를 내리며 소리의 꽃을 피우고 소리의 열매 맺히는 찰진 땅의 소리

응애응애 하늘 찢던 소리, 아장아장 땅을 열던 소리, 가다가 흠칫 멈추던 소리, 흥, 하고 콧방귀 뀌던 소리, 심심해서 툭툭, 발길 차던 소리, 바락바락 대들며 씩씩거리며 멱살 움켜쥐던 소리, 헉헉거리는 나의 마지막 숨소리까지 고이 덮어줄 땅의 소리, 지퍼를 열듯 옆으로 부욱, 열어놓았다 어서 들어오라는 손짓

사람의 소리 1
– 모음송母音頌 3

허리 곧추 세워 직립을 선언하자
사람의 소리가 하늘을 뚫고 지축을 흔들었다

소리의 알을 낳고 소리의 아기를 키워 젊은 소리들 시집 장가보내고 늙은 소리 곱게 모시다가 죽은 소리 매장하고 하늘 가는 소리의 영혼들

만났다 하면 으르렁거리며 힘센 도적 앞에서 살랑살랑 꼬리치고 별 볼일 없는 주인 뒤통수에 멍멍 짖어대는 개만도 못한 개소리는 가라
시도 때도 없이 투덜거리는, 낡은 음반처럼 직직거리는 고장 난 기계처럼 삐걱거리는 잡소리도 가라

섯거라, 등대
깜깜 밤에도 똑바로 서서 불빛 신호 환히 밝힐 사람의 소리

까치가 까짝, 할 때

까치가 "까작!"하고 외칠 때
"까"와 "작" 사이의 눈 깜짝할 찰나
"아"에서 "자"로 능글맞게 찢어발기는 걸쭉한 걸침을
눈치 채셨나요?
"자"에서 "작"으로 날렵하게 표정 바꾸는 저 능청스런
마무리를 확인하셨나요?

나무 꼭대기에 앉은 까치가
물었던 아침햇살을
한 잔 들이켜듯
"카 -" 하며 흘리는 순간
"아!" 하면서 휘청 허공에 헛발 디뎌
등걸에 걸칠 듯 찢어지는 저 쉰 목소리
"자!" 하며 폭신한 흙바닥에 철퍼덕!
궁둥방아 뭉개는 안착

한 번 더 잘
들어보세요
"까작!"

더 빨강

더 빨강이라니

장미꽃같이 이글대는 빨강, 수박 속같이 달디 단 빨강, 홍시같이 불콰한 빨강, 노을같이 황홀한 빨강, 입술처럼 농염한 빨강, 이 빨강, 저 빨강, 그 빨강보다 더욱 빨간 빨강, 새빨간 거짓말 같은 빨강, 아니면 빨갱이처럼 진저리쳐지는 빨강인 줄 알았다, 더 빨강

그런데 스물넷의 추소영과 스물여섯의 안진옥과 열아홉의 배슬기가, 2005년에 1집 앨범 1st를 낸 프로젝트그룹 이름이라나, 모두 연극영화과 출신으로 165cm가 넘는 늘씬함에 50kg이내의 가벼움으로 인기를 춤추고 있는데, 2006년 2월로 1기를 마감한다는 가수 동아리, 2기는 더 빨개질 더 빨강, 3기는 더더욱 빨개질 더 빨강

빨가벗은 빨강으로는, 저 활활 타는 정열로도 혼자서는 너무 추워 빨강의 앞자락에다 더! 를 둘러친 더 빨강, 하필이면 왜 더? 일까, 술 냄새 폴폴 날리는 빨간 입술에다 음주측정기 들이밀고는 더더더더…하는 더, 인가? 더듬더듬 더듬는 더듬이의 더, 인가? 빠른 세월 더디게 가라는 더, 인가? 얹혀사는 더부살이신세의 더, 인가? 이따금 생각나면 더러더러 들르라는 더, 인가? 더구나 할 때의 더? 더러운 세상의 더? 그게 아니구나, 영어의 티 에이치 이, 더The구나!

더 빨강, 영어와 한글의 튀기?

더 빨강, 한글과 영어의 퓨전?

더 빨강, 이민 간 빨강 1.5세?

더 빨강, 귀화한 빨강 1.5세?

더 빨강, 빨강과 red의 세대차?

더 빨강, 빨강의 변종 바이러스?

더 빨강, 빨강의 바꿔치기?

저런

더 빨강이라니

빛의 경계

문화를 숭상하는 사람들은
담을 높이거나 두껍게 벽을 둘러
경계를 세우고
야생을 고집하는 야수들은
제 배설의 냄새나 발바닥과 발톱과
이빨자국을 뿌리며 남기며 경계를 그리는데

밝히기를 밝히는 빛들은 한사코
제 그림자를 던져 영역을 드러낸다
말하자면 빛의 경계는
그림자를 거느리지 못하는 어스름 근처 어디인데
자기 어깨에 남이 정강이를 얹건 말건 신경 쓰지 않는다
어슷비슷 어우러져
이중 삼중으로 투명을 경작하며
낚싯대 걸쳐 놓는다
그런 다음
무엇을 기다리는지
아무것도 기다리지 않는지
그건 모르겠다. 다만

크로노스의 전령인 바람이
입질하다 흘리고 간 제 경계 한 겹씩을
이따금 거두어 사라지곤 한다

결

헐벗은 나무를 앞에 세우고, 죽어서 살아나는
생생한 나뭇결을 묵념했다
흐르는 강을 옆에 끼고 끈질긴 물의 결을 엿보았다

부드러운 들숨들과 딱딱한 날숨들이 남긴 얼룩이다

우거진 숲을 헤치며 직진하는 햇살의 이랑
그 이랑을 타고 쫙쫙 널을 켜듯 번지는
영롱한 해의 결
해님도 고운 살결을 비장하고 계셨다
늘어진 노구를 끌어
햇살 가까이 나앉으며 바위는
오래 말라 굳어 가는 근육의 결을 으흠, 으흠
목욕하듯 문질러대고.
무심결로 부는 바람결엔 듯
기우뚱 허물어지는 가랑잎의 몸결과
잽싸게 달아나는 다람쥐꼬리의 놀란 소릿결이
천둥 벼락 치던 노기의 결들과 함께
허공을 가득 알곡으로 채우고 있었다

잠결 속을 걷던 내, 시공의 마음결들이

꿈결처럼 흔들렸다

툭

소리 하나 함께했을 것이다

우리들 문 닫은 각방에서 각기 다른 꿈길에 들어
듣지 못했을 뿐,

병에 꽂혀 만개를 받쳐 들고 서 있던 연두의 가는 목이
스스로 단두斷頭를 결행했던 순간
꺾인 상처의 통증을 참아내며 빨아올리던 링거 줄을 제 손으로 끊으며
그는 분명 아무도 눈여겨보지 않는 어둠의 때를
골랐을 것이다

바닥은 낭자하다
가까운 옆구리 심심찮게 건드리던 손찌검과
만만한 빈 깡통이나 돌멩이 걷어차던 발길질들

피 튕기듯 조각조각 쪼개져 흩어진 꽃의 두개골이
기억해내고 있다 미처 생각지도 못한 현장들
한 컷 한 컷 보여준다

영정을 지키던 상주도 곤히 자고 있을 새벽
놀랍다
시체를 수거하는 붓질 사이로 풍기는 국화향기가
싱싱한 초록으로 자라고 있었다니

자신의 빈소에 꽃밭을 가꾸며 가는 이

분명 있었을 것이다. 그가 눈 감을 때
가슴 타개지던
툭,
소리 하나

팽팽한 고요

빨래를 널려고 빨래집게를 끌어당기자
빨래집게가 되레 내 손을 잡아끈다
거미줄 한 가닥이 빨래집게 머리를 붙잡고 놓아주지 않자
빨래집게도 나의 끌어당김을 놓아주지 않는 것이다
끈적거리는 허공을 확, 뿌리치듯 다시 당겼으나
한번 잡힌 인연이 고무줄처럼 팽팽해서 끊어지지 않는다
올려다보니
주인은 오간 데 없고
전화선의 허리와 빨래집게의 머리를 이은
아찔한 거미의 길이 은빛으로 반짝인다
비계도 없이 허공을 건너 추녀 속으로 들어오던
가느다란 외줄의 귓속말이 궁금하다
한 걸음 물러서 바라보니
차양을 떠받친 쇠기둥의 어깨에서 어깨로 전달하던
빨랫줄의 굵직한 통화가 머츰한다
빨랫줄을 물고 있던 빨래집게의 어금니에, 방금 빤 방걸레
그 하역의 죽지를 툭툭 털어 물리자
걸레는 스스럼없이 노곤한 사지를 맡긴다
느슨해지려던 빨랫줄이 긴장한다
몸 맡겨 허공으로 쏟아지던 빛 알갱이들이 쉿,

입 다문다, 흔들리던 고요가 다시
팽팽해진다

고요 석 짐

낡은 양철지붕 밤새 두드리던 빗줄기, 지쳐
쓰러지고, 느티나무 굵은 몸통에 매달리던 태풍, 녹아떨어지고
붉은 양수 뒤집어 쓴 아기 해, 큰 머리통 내미는
순간!
칭얼대던 바다가 뚝,
울음 그치며 열리는 아침 고요, 한
짐

둥우리 박차고 나온 암탉, 꼬꼬댁 소리 주위로 삐악삐악
병아리 노란 주둥이들 모이고
꼬끼오, 한껏 들어 올린 수탉의 검붉은 벼슬, 그 왕관 위로
구룡지서 높은 망루에서 고조되던 오포소리*, 꼬르륵 숨 넘기는
찰라!
마당귀 훔치는 솔개의 검은 그림자에
흠칫 놀라 우르르 울밑으로 몰리는 한나절의 고요
또 한 짐

소슬바람 나뭇가지 사이로 숨어들고
중천 환하게 이슥해지는 밤을 노 저어 밑창 이지러진 저 달

꿈길 같은 뭉클 구름 품속으로 풍덩! 몸 던져 부리네
저 하늘 캄캄 고요가
마지막 한 짐

* 오포소리 : 정오를 알리던 사이렌 소리

저녁놀통설

피보다 진한 당신의 이름
덜컥
엎질러 놓고

어쩌나
울컥
치미는 밤길 3백 리

장엄하다
하늘 가득 떼메 가는 새떼들의
낭만 7만 평

저녁놀잡설

깊은 골 낮은 골 가리지 않고 샅샅이 핥아 올리는 버릇 못 말리는 골바람은. 불혹과 이순에 으슥한 산수傘壽의 괴춤까지 들먹이며 뉘엿뉘엿 꽃방석 깔아 놓는 늦바람이지. 풀과 나무와 궁노루, 강물과 산울림과 조각구름 다 나와 시린 허공 떠메 가는 떼 기러기 환송하는, 혹시 지구마을의 고별합창제는 아닌지 모르겠어. 긴 긴 3억7천5백만 리를 한 호흡 8분 30초에 명중시킨 아찔한 빛의 어지럼증일 수도 있겠지만. 하루 10만 리씩 46억 년을 밀어올려 어둠의 성 쌓고 있는 시시포스의 360마디마디 절절 끓는 열병일 거야

발목 삐끗하여 엎실러신 설렘이 59조 8친억? 톤이리니. 어깨에 메어도 머리에 이어도 줄줄 새는 설렘이 아으 59조 8천억 톤이라니. 겁 없이 휘질러 놓은 황홀이 또한 5천만 정보 천 배미라. 모로 쥐어짜도 뒤집어 빨아 널어도 마찬가지 어유 5천만 정보 황홀이 천 배미라

해도 너무 하잖아, 1막 1장의 대서사시, 후줄근히 젖어 막 내릴 때, 봄여름가을겨울 자진모리 열두 패 데리고 숨 돌릴 겨를 없는 잰걸음이 둥둥 북치며 장구 치며 밤길에 든다하니

저만치

그랬다
그림 같은 시인의 집, 검정개 순둥이는

저만치에서 기다려 주었다
저만치에서 꼬리쳐 주고 저만치에서 컹컹 울어 주고 저만치에서 길길이 뛰어 주고 쫑긋 귀를 세워 저만치를 지키면서 스스로 저만치가 되어 갔다

우리가 다가가면 이만치 반가웠고 우리가 다가가야 이만치를 핥아대어서, 우리가 더 다가가서 이만치가 되어야 했는데

저만치에서 꿈길에 들고 잠을 깨고, 저만치에서 밥을 먹고 오줌똥을 가리고, 저만치에서 앉고 서고 걷고, 저만치에 목이 메어 저만치만 맴돌다가 날 저물어, 저도 늙고 달무리 아련히 병 받아 들이며, 바람을 뒤적였다

미지근한 노구를 이만치 끌어와, 대처 큰 병원 찾아간 지 사흘 만에, 싸늘하게 식어 돌아와 시인의 가슴속 언덕 위에 구름 한 장, 저만치 펴, 뉘였나니

왔던 길이 때때로 두 팔 벌려 반기는 '와락'이었고
간 길 망연히 눈 감은 '자실自失'이더라도
그래, 잘 자라
말끄러미 손에 잡힐 듯 어른대는 이만치와
발길 돌려 아득해지는 멀찌감치 사이, 저 저만치

포롱포롱

누구지?

지석골 내려가다 작은배재 못 미쳐
숨 고르는
얄따란 초록 그늘 속으로 포롱포롱, 날아든 꼬마 새 한 마리

이쁘게 오므린 '포'와
뾰로통 삐친 '롱'사이를
가볍게 잇는다

낭창낭창 휘어진 방금과
휘영청 환한 지금을
안방 드나들 듯 아무렇지 않게
넘나들며 포롱포롱

시방을 한 방울 물어다 이제의 화선지에 똑, 떨어뜨리곤

지퍼 잠그듯 하늘 길 닫으며, 작은 새
포롱포롱을 날라, 가는 거기

어디지?

오므림

땅 위로 헛발 디딘 땅강아지가 머리를 처박으며 허겁지겁
땅 속을 파고들자 순식간에 풀어헤쳐진 흙 알갱이들이 스르르
온몸을 오므려 헐레벌떡 놀란 숨통, 감쪽같이 숨겨준다.

그렇구나 흙속에서
두더지가 쌀쌀거리고 뱀이 뱀을, 칭칭 감고 지렁이가 꾸물대는 건, 흙이 팽팽하게 오므리는 초사 때문이구나.

그러면 그렇지 흙속에서,
돌멩이와 사금파리, 유리조각과 비닐쪼가리들 터억하니, 맘놓고 숨 고름은 흙이, 느슨하게 오므리는 노심 때문이구나.

보도블록 틈에 난쟁이 풀, 자신만만하게 얼굴 내민다.
칠년 가뭄에도 으스러져라, 제 몸 찢어 오므리는
지독한 흙의 뒷심을 믿기 때문이다.

천년 바위가 한자리에 앉아있다, 해찰하지 않고.
바위 밑에 깔린 흙이 오물오물, 오므리며 바위 엉덩짝을
간질이기 때문일 것이다. 간지럼에 맛이 들어 고대로 만년
바위이고 싶어 그럴 것이다.

오므림은, 흙의 생명 오므림은, 흙의 사랑 오므림은, 흙의 절정 그러므로, 씨알이 발을 뻗고 머리를 내미는 것은 순전히 흙의 오므림 때문인데,

팽팽한 오므림을 찢으며 나올 때의 옴찔거리는 쾌감, 그 쾌감에 약이 올라서 새 생명이 탄생하는 건데,

원시인의 잠의 자리, 꿈의 자리이며 파르티잔의 피난처, 이기도 했던, 지금은 만물의 집으로 오므리고, 밥으로 오므리고, 무덤으로 오므리는,

오므림의 대가이며 전문가인 동시에 도사인 흙, 그래서 아버지의 깊은 잠은 가운데가 볼록하다.

낌새

목련이 가지 끝마다 애기불꽃 하나씩 물고 있습니다. 불꽃애기 봐주러 온 하늘도 잿빛 울렁울렁, 입덧 심한가 봅니다. 얼음강 철벅철벅 깨트려 시린 물 퍼마시며 불의 촉수燭數를 키우고 있을 저 고샅들 저물녘에 살그머니 아기집 안치신 이, 누구신지요.

아, 아기집이 바로 단칸 날망이군요, 저 오두막, 포대기.

사람들의 옥상 난간에 걸터앉아 기웃대던 햇살들과 주살나게 드나들던 바람자락들의 지근거리至近距離입니다. 태초의 궁창 한 폭 찢어 다독다독 불의 씨앗을 담은 포대기가 빗장을 조이고 있습니다. 포대기를 보초서는 솜털들 간간이 죽비소리로 일어서는 걸로 보아 용맹에 정진을 뜸 들이는 중, 틀림없습니다. 그렇습니다. 머잖아 치를 해산은 혁명보다 우렁차리란 짐작인데

목련꽃봉오리 적묵寂默 그늘 건너려다 앗 뜨거, 발 빼는 당신

괜찮으세요?

실화 失火

프로메테우스가 훔쳐 내빼다가 놓친 불씨 한 줌 있었다는
그 말이 맞는 것 같다, 놓친
그 불씨
평장한 무덤이 코카서스 어디, 언덕임에 틀림없을 터
누천년 물기 머금은 불씨화석이 두터운 퇴적을 풀고 나와
꽃이 되었다는 생각에 내가 취한다, 이 봄 환하게
댕기는 목련꽃

닫힌 문 활짝 열어 놓아, 쟁그렁
풍경 운판 건드리고 가는 뒷모습이 필시
뒤밟아 따라온 충적세쯤의 바람 같다
맞다 맞아, 꽃 안
궁궐 속으로 들어가 공공연히
겁탈한 불씨, 들쳐 엎고 월담하는 저
벌[蜂]
온 장안 불바다 만들까 보다

슬쩍한 불씨 안고 팔랑팔랑 산문 나서는 나비는
청산그룹 맏며느리일거라는 직감이다, 적묵당寂默堂 무릎방석에

허둥지둥 흘리고 갔네, 통통 여문 저

금귀고리!

고산사 법고

몇 백 년 걸친 법희선열法喜禪悅중이셨나?
몇 백 년을 거슬러 좌탈입망坐脫立亡하셨던가?
무슨 연줄 깊디깊어 크나큰 나무 한 채
쿵, 하고 몸 부려 속 텅텅 비운 허리통
가볍고 질긴 껍데기여
어화 둥둥!
만조滿潮 가득
훤한 달로 환생하셨나?

아린 상처 잘린 자리 덧나지 않게
쇠가죽 넓은 치마폭으로 봉하여, 장구처럼 길쭉한
울림통, 저대로 경계를 흔들며 꿈틀대는 북이여!
때 맞춰 후줄근히 채 즐기던 성감대聲感帶
얼쑤!
우겨넣던 추임새 그만
엇박자로 흘러버려, 한쪽이 쫙!
찢어진 저 만월로도
축생들의 화엄세계 몇 자락은
후줄근히 적시겠네
얼얼한 이승의 통증 몇 고비는
너끈히 건너시겠네

극락교

산사의 정적이 물소리 재우는 세진정世塵亭 발치에 있다.
불혹을 앞둔 단정한 마음 하나
바닥 마른 도랑 위에 몸 낮춰 엎드렸는데
계곡 냇가 숲길 깊은 그늘 속으로 스며드는 삼백 날을
이 다리 저 다리 바쁘고 느린 각 다리들이
허공이 받쳐주는 다리인 줄 모르고 오르내린다.

잔잔한 물가의 요단강, 주일학교 시절이라면 나도
오색 물빛 출렁이는 은하를 꿈꾸겠지만
지는 낙엽이 무릎 덮는 계절, 그렇다.
극락은 젖과 꿀이 흐르는 에덴이 아니라는
주야장천 풍악 울리는 잔치판은 더더욱 아니라는 묵언의 말씀
유쾌 상쾌 통쾌에 희희낙락까지 죄 발라낸 나의 등뼈가
이 길과 저 길 사이에 놓인 강, 그 단절을 잇대나니

저 길의 끝이 서울이면 저 강은 한강이고
이 길의 처음이 이소離騷*라면 이 강은 멱라수*인가
뱃길 끊긴 적소에서 간추린 추사의 외로움도
세한삼우에겐 절호의 낙원이었을 터

하찮은 풀과 꽃들이 하, 귀한 보배인줄 몰랐던 봄날은 가고
별 볼일 없이 떠나보낸 여름밤이 빛나는 별밤이었네.

* 이소 : 중국 초나라의 굴원이 조정에서 쫓겨난 후의 시름을 노래한 부(賦).
'초사'가운데에서 으뜸으로 꼽힘.

* 멱라수 : 예전에, 우리나라에서 '미수이 강'을 이르던 말.
중국 초나라의 굴원이 투신한 강으로 알려져 있음.

식장산 물소리

장기 침체로 자작자작
바닥 치던 세천 수원지, 며칠 새 급등한 만수위가 쏴아!
무넘이 흐벅지게 하얀 범벅 칠하며 쏟아지는 저것은, 쌀 씻는
물소린가
몸 닦는 산소린가

선바위 종아리 휘감는 물굽이, 세족도洗足圖 그리는 필획 같다
너럭바위 등짝 갈아대며 그리는 등목도, 시원하겠다
자잘한 돌멩이들 숨비소리 졸졸거리며 물질하는 잠수도潛水圖 속
간지러워 아이, 간지러워!
앉은 바위 사타구니 간질이는 아찔한 운우도雲雨圖까지
이 그림 저 그림 다 엿보며, 나무들
끼리끼리 서서 저것 봐! 저것 봐, 못 말리는 수수방관도水水傍觀圖 곁에
슬리퍼짝 질질 끌며 지나치던 바람이 어, 하고 멈추어서
일필휘지로 휘갈겨 놓는 관수도觀水圖

하산하며 그리는 독수리봉 계곡의 풍속도 수삼백 폭
폭폭으로 그렸다 지우면서 완성해 내는 저
뭇 생명 먹여 살리시는 속 깊은 물소리의 여백

하루 한 필씩 내다 널어도 삼백예순날 다 말릴 수 없는
자욱한 여백을 보네

장곡사 큰북

칠갑산 장곡사 범종루에
코끼리 가죽으로 만들었다는
오래 묵은 큰북 하나
생생한 약사여래대범종 옆에서
가쁜 숨 몰아쉰다

나라를 지키려는 열망
한결같이 둥글어서
중생계도의 축원이
사람마다 달라서
가죽의 생김새 따라
두루뭉술하게 떠 있다

기다려 콰콰, 범종이 길을 열면
구름이 나부끼고 물고기 지느러미 치는

멸도滅度의
한복판

둥둥 흐느끼리라

투둑, 옷소매 타개져

더 늙은 저 북

익수로 쏟아 붓는 장대비 같은

북채에 후줄근히 젖어서

해우교解憂橋를 건너며

초혼각 터 풋말 앞에서 아찔한 몸이
해우교 건넌다

변을 난산하던 뒷간과 변을 애기 보던 측간과 변들의 대합실이던 변소
그 왁자지껄을 큼큼거리면
변을 당해 불 꺼진 창의 어둠을 핥아보면

아득하다

새벽 댓바람에 꽃살문 열고 나가
무지개다리 타고 올라 매화틀 위에 내린 몸들
용마루에 얹힌 초독楚毒의 잡상들 조곤조곤 깨트려선
꽃 다시 톰방톰방 찍어내고
밤새 참은 꽃물 왈칵 들이부었을, 어 시원하다!
향내 진동했을 달구리 수세식

깜작 놀란 골짝이 푸드득 지느러미 털던 소리

궁금하다

청죽피리 하얀 대롱 속을 투- 투- 불어보고 싶은
미지근한 나의 몸 마려움은
어느 한 가락 꽃바람인지

※ 초혼각(招魂閣)은 1458년 계룡산 동학사에 사육신 등 280여 분의 위패를 봉안했던 집이며 2000년대 초 공주시는 깨끗한 화장실, 매화방을 여러 곳에 설치함.

시인의 집에서는

동네로 올라오는 길이 보인다
세상으로 내려가는 길이 보인다

물어물어 찾아오는 봄의 앞자락이 펄럭인다
내려가는 가을 등짝이 다습다
때때로 심심한 길이 혼자서 터덜터덜 올라왔다가
모롱이 돌아 사라지기도 한다

눈길 뚫고 오던 곰 같은 사랑과
먹구름 우레 소리 무성하던 서러움을 데리고
사철 문 닫지 않는 길의 길
아침마다 고쳐 앉는 길이

빤히 보인다

우거寓居에서

시인은 우거라 했다.

위낭소리 앞세워 십으로 돌아가던 대둔산 자락 마을의 다저녁때

하얀 모닝 한 마리 몰고 내려오는 비구니 한 분. 스님께도 밤마실 명분은 충분했다. 챙 넓은 모자 속의 뽀얀 얼굴이 유난히 곱상했고 꽃들의 만개가 분분히 널려 있었다.

구부정 휘어지며 어둑발 끌고 올라가는 길은 완만했다.

안심사 못미처 안심농장 팻말을 팔짱끼며 돌아들자 바른편 비탈 위에 공손히 내려앉은 별서 한 채. 한 발치 더 내려와 환한 달로 떠있는 시인과 시인의 짝꿍은 찰칵! 한 장의 선경이었다. 부엌을 겸한 거실 벽과 서재 겸 침실 벽을 가득 메운 책장은 시집으로 빼곡했다. 탈고를 기다리는 육필들처럼

두어 상 넘치게 차려놓은 만찬

싱싱한 상추며 오이 고추. 신록이 뚝뚝 떨어지는 달래냉이며 이글이글 아프리카 황토 빛으로 익힌 검붉은 고추장. 볼그스름한 아메리카 소녀의 볼 빛 초고추장과 군침 자르르 흐르는 식욕을 살짝 누그러뜨려 무친 참죽나무 어린 잎사귀도 잎사귀지만

책장에 눈이 먼저 갔다.

귀가 쏠렸다. 칸칸에서 쏟아지는 문자들이 폭포소리로 엄습해 왔다. 방 안 자욱한 저 소리들 다 독파하며 득음에 든 묵언이신지 득음을 홀짝이며 판소리 서른여섯 마당을 더 일구라는 진언이신지

전라북도 완주군 운주면 완창리 147의 1.

알겠다.
황혼 자락 펄럭이며 길 떠서 만 평 별 밭머리, 운주의 한 때
궐부채로 방점 찍으며 시인이 메긴 선창은 완창이었고
북편 두드려 화답할 우리들 추임새는 완주임을

일필휘지 一筆揮之

평퍼짐한 무르팍에
수더분한 수덕사 가볍게 앉히시고는
흐뭇해진 가야산 꼭대기가
잠시 고개를 틀며 가볍게 한 걸음 으흠,
내려선 석문봉

황제 제帝자를 너풀거리며 내려온다
황금보관 머리에 얹고
곤룡포 자락 너울너울
삼 세 번을 좌우로 펄럭였다가
중봉으로 내리꽂는 마지막 아홉 번째 획

비백飛白*으로 숨을 골라
벌떡 일어섰다가
다시 비백으로 기氣를 묶어 엎드렸다가
뭉툭한 거북이 머리 불끈 들어
고집불통으로
뿌리 깊게 박은 자리

홍선대원군의 아버지 남연군 무덤

* 비백 : 먹으로 채워지지 않는 흰 부분을 남기며 긋는 운필법

무덤 앞에서

수수한 차림에 민얼굴 같은 초록 달
고향집 아담한 토담이었던 그의 후생이
훤칠한 녹음 달무리에 에워싸인다

머무는 자가 떠나는 자에게 마지막으로 차려 올린
한 그릇 고봉밥 같은 무덤, 물끄러미
뚜껑 덮은 밥사발을 바라보느니
임자는 잔디 일색의 통일을 꿈꾸지만
밥그릇 위에 발붙여 뿌리내린 풀의 자손들
망자는 모정을 다 떼어내지 못해서
세비꽃 불러 쑥과 억새와 망초와 엉겅퀴와
왕고들빼기까지 죄 불러들여 골고루
젖 물려 키우고 싶은 모양이다

무럭무럭 자라는 저 평화

바닥 깊숙이 배를 깔고 엎드린 막돌 주초,
몽당연필심에, 치성이듯 침을 발라, 망자는
흙의 역사책 빈 칸을 꼼꼼히 채우는 중이고
지상의 마지막 저녁에 제자들 발을 씻기듯

임자는 지붕을 얹어 가계의 탑 한 채를 마무리하려 한다

다 삭은 등뼈 위에 층층으로 쌓은
누대의 무덤과 묘비명들의 무게를 헤아려 보느니,
매우 무겁겠다, 하지만
전생에 세운 공덕기둥이 거뜬히 받쳐줄 것이므로
임자 선산 안마당에 초록 달 여남은 채는 더 떠서, 휘영청
이 동네는 그믐밤도 환하겠다

날개삽

낡은 삽자루 묻힌 봉분 위 높직이
날개삽 한 쌍 날아간다

발맞춰 걸어가듯 규칙적인 삽질해대며, 허공에
길 닦으며 가는 저 새들의 힘찬 삽날갯짓
반짝반짝 빛나던 아버지 전성기 같다

해 뉘엿뉘엿 기우는 저물녘
어느 하늘 밭뙈기에 남은 경작, 마무리하려는 것인지
아름답고 한가롭게 감상되는 저, 수평의 삽질이
아버지 진땀 철철 흘리던 수직의, 삽질과
무엇이 다르랴

손삽 발삽 어깨삽의 삽질에 삽날 다 닳아 아버지
낡은 삽자루만 누우셨거늘
저 수평의 아득한 삽질 끝의 끝은 캄캄한
어둠일까 환한 아침일까
수직으로 일어서는 빛일까

서둘러 두둑을 치던 아버지의
은빛으로 빛나던 삽질의, 심장이 어둑어둑
내 가슴으로 가빠 온다

나는 다만 그의 삶을 말하려 했을 뿐

가랑잎은 왜 무연히 떨어지나
저기 청대나무숲 조용히 흔들리기 시작하더니
까악까악 한 떼의 까마귀 떼 몰려간 뒤
시커먼 먹구름짝 이리로 몰려오고
바람은 왜 창을 흔들며 덜컹거리나
빗줄기는 왜 양철지붕을 후두둑 후두둑
두들기나
너는 죽은 듯이
어둠의 구석지에 웅크려
말이 없고
너는 두텁고 무거운 그림자
내가 말하려던
쓸쓸한 그의 주검처럼

가을 생각

가을이었으리, 몰래 사과 따 먹다 들킨 아득한 우리 할머니 신혼시절

탐스럽게 익은 거기에 가을의 유혹이라는 짙은 징후가 배어 있으니,

어둑어둑 해는 저물었으리

어린 종아리에 회초리 댄 아버지 이내 후회하듯

그분의 화 사그라질 무렵, 할아버지 손 붙든

부끄러운 귀양길에 초저녁 가을은 으스스 떨었으리

발길에 차이는 이슬방울들 흩어지며 밤새 귀뚜리 울음 톺았으리

얇은 구름 짝들 뒤차기는 수심愁心강을 달은 묵묵부답으로 건너고

뿌리칠 수 없는 가을이라는 서글픈 뱀

이 대목에서 나는 무턱대고 쓸쓸해지고

그분의 헤아림이 곧 부모의 마음이었으니

100과果 천 배로 익게 놔두시고 1000화花들 만발로 피도록

모른 척하시고, 하늘을 높이 들어 올려

물과 바람의 길 틔워 놓으시며 실낙원의 신입생 한 쌍을

내심으론, 담임선생님 되어 맞았으리

범사에 감사하며 갈무리하라는 묵언의 큰 말씀으로
그해 가을 수업은 유난히 길었으리 유례없는 풍작도 기록하였으리
그런데 나는 여기 가을의 풍요를 배 두드리며, 왜 허전한가?
손아귀 가득 쥐고도 무엇이 허기져 오는가?

계절은 가을로부터 오는 것
적소謫所의 바람 소리 물소리가 하도 맑아서
고향보다 고운 타관의 노을 자리에
그리움이라는 똬리 사리사리 가동치기 시작하였으니
까마득한 날의 할머니, 나 그의 남자이리
가늘고 긴 혀의 마법, 그 술에 취해 혼몽하리
가을 변두릴 손잡고 건너 겨울 동굴 속에 누우리
머지않은 꽃봄의 화창을 꿈꾸리

수수께끼

스핑크스가 길을 막았다지.
어려선 네 발, 젊어선 두 발, 늙어선 세발짐승이 무엇이냐고

달포 전 외지팡이 짚고 비척, 했는데 처마 밑 석양그늘 낡은 의자에 털썩 주저앉힌 더 낡은 몸. 멀거니 바라보는 문밖 하늘 아뜩하다. 내일은 추석, 새들도 제 집 찾아드는 귀소의 때, 게슴츠레 반쯤 감은 눈으로 기다리는 또 무엇이 있는지. 불안의 외날 밟으며 건너온 강물 소리 천 길 아래 자욱하고 헐떡이는 숨결 만 길 벼랑이네. 먹구름 걷히지 않는 눅눅한 하루하루, 곱슬곱슬 차지게 달라붙는 은발과 도도록 부어오른 무덤 같은 발등으로 절뚝절뚝 디듬직거리면 비발실 다시 누드리네. 버리려 다짐해도 타성처럼 달라붙은 안간힘을 휘청, 부축하여 일으켜 세운다. 근근이 실어 나르던 생의 무게, 어둑살 문 방죽 안 모퉁이에 받쳐 놓고 잠시 숨 돌리던 작대기, 손수 꺾어 대충 다듬은 작대기모양의 쌍지팡이, 아버지 잔존의 목숨아귀로 움켜쥔 자리 반질반질하네.

스핑크스가 내 앞을 막네.
어려선 네 발, 젊어선 두 발, 세 발 건너 늙어선, 다시 네발짐승이 누구냐고

배웅

오래된 환한 미소 앞세우고
하얀 보자기로 얼굴 가린 유골항아리
뚜벅뚜벅 이승 뜨는 길

축 처진 어깨들 울먹울먹 뒤따르고
휑한 가슴 훌쩍훌쩍 그 뒤따르고
숙인 머리들 글썽글썽 그 뒤의 뒤따르고
타박타박 젖은 구두들 맨 뒤따르고
앞장서 칭얼대며 뒷자락에 매달리며
무심한 겨울비는 자꾸 보채고

오래된 환한 미소 앞세우고
하얀 보자기로 얼굴 가린 유골항아리
뚜벅뚜벅 저승 드는 길

■ 끝시

헛무덤

오래 묵은 집을 수리했다

삿갓반자 내린 머리에 우물반자 올리고
청기와 지붕마루에 어처구니를 얹었다
꽃담장 둘러 구슬문패도 달았다

그런데도 쉰내가 난다
지린내 구린내 진동한다. 이를 어쩐담

차라리 봉분 하나 고봉으로 퍼 담을 걸
나 들어가 누워 흙냄새 뻘뻘 흘릴
헛무덤이나 한 채

안칠 걸

■ 해설

치열한 시정신의 묵시록默示錄

– 양태의梁泰誼의 시세계

조남익 시인

1. 시인의 수사학, 그 온몸의 언어

시인의 언술 구성은 일상이 입혀진 고정관념의 심벌을 파괴하고, 넓은 언어 기능을 확대 심화시킨다. 시인이 온몸으로 반응하고 승화시켜야하는 대응의 일정한 형태로 새로이 구성한다. 자료와 도구로서의 언어를 시인은 생명의 의미 기능으로 상승시킨다. 시의 근본인 창조정신과 결코 무관할 수가 없다.

양태의 제4시집 『툭』에서 시인의 수사학이 새로운 형태로서 구성되고 활성화된 면모를 볼 수 있을 것이다.

그것은 놀라울 만큼의 시의 진전이었다. 지금까지 그의 『어오러지어오러지』(2002) 『이명耳鳴』(2004) 『혼자 우는 뒷북』(2010) 등의 시집에서도 충분히 예견되는 소지가 있었지만, 이번 시집에서는 주제의식과의 본격적인 과업으로 나타난다.

양태의 시에는 대체로 산문시 경향의 긴 편의 시가 대부분이다. 이는 시에 스토리가 본격적으로 소화되는 '이야기 시'의 경향이다. "시는 하나의 건축물"이라거나 "하나의 주문呪文"이라고 한 것은 시의 외연外延이 넓어졌음을 시사하는 것이라고 하겠다. 사실 처음 자유시나 산문시들의 발전은 이런 경향과 맞물려 있다.

양대의 시를 읽나 보면, 읽은 이의 의중을 꿰뚫어 주는 한자어 또는 외래어의 출몰을 보게 된다. 뿐만 아니라 우리말의 묘미나 서술적 표현도 곳곳에서 눈에 띈다. 현대어 구사에 그 탄력적인 리듬 감각은 시를 읽는 기쁨과 함께한다. 지금과 같이 난해시가 한 영역을 차지하는 판도에서 재기발랄한 그의 시풍은 매력적인 것이라고 하겠다.

모두들 아시는 것처럼 김수영 시의 '수사'는 정평이 나 있다. 독자적 육성을 갖춘 새로운 의미의 서정시인으로서 그는 재래적인 발상법을 뒤엎고, 의식의 리듬을 따라 '움직임의 수사학'으로 특정한 언술형태를 지닌다. 특히 명령법, 환유법의 활용과 산문적 경향의 사유와 속도로서 각광을 받는다.

양태의 경우는 시의 화술, 곧 시의 어조[tone]가 치열하면서도 곡진한 표현술을 구사한다는 점일 것이다. 거침없는 상상력에 의한 리듬을 타고 있다.

천불동 내려가는 가파른 비탈에
아름드리나무 쓰러져 있다
어려서도 용하게 견디어 내던 왜바람 맞아 벌러덩!

뿌리는 하늘을 향하고 우듬지 골짝에 박혔다
다 늙어 뽑힌 발바닥이 난생 처음 쳐다본 하늘
아찔하여 하얗게 질려 있다
미명에 눈을 떠 별빛 타고 내려와선
고집처럼 딱딱한 정박의 영토 더 깊이 파고들며
미끄러지지 않으려던 몸 비빔

- '발바닥'에서

뒤늦은 악장樂匠의
낡은 지문을 만나
물길 건너다 젖어서 울고
길길이 불길로 뛰면서 울고
바람길 둥둥 두드려 운다

울다가 울음 그친 나이테
마침내 지음知音의 활줄에 얼싸!
온몸 싣는
어름사니 된다

- '우는 나이테'에서

'발바닥'은 아름드리나무가 쓰러져 뿌리가 뒤집혀 버린 상황의 시이다. "하얗게 질려 있다"에 이어지는 "별빛 · 정박의 영토 · 몸 비빔" 등이 모두 상상력의 소산인데 거침없는 표현을 보인다.

'우는 나이테'는 낙산사가 그 화재로 인해 기둥들이 "불 맞은 나이테"가 된 것을 테마로 한 것이다. 나이테가 "울다가 울음 그친 나이테"가 되었는데, "마침내 지음知音의 활줄"에 올라탄 '어름사니'가 된다는 것이다. 발상이 신선하고 표현이 간결하게 응축되어 있다. "활줄에 얼싸!"의 "얼싸!"는 감탄사로서 일시에 내용이 생략되는 효과를 낸다.

시인의 수사학이란 수사의 방법 또는 기교를 일컫지만 일조의 미사학美辭學의 영역이다. 시의 구성원리인 리듬이나 이미지, 상징, 인유, 패러디의 어조 등의 시적 장치인 것이다.

돌이켜보면 우리의 시에서 이른바 명시名詩로 알려진 것치고 이러한 시적 장치에서 여러모로 성공을 거둔 것들이라고 할 수 있다.

양태의 시인은 우리말의 구조나 뉘앙스의 활용에도 적지 않는 진척을 보인다. '하늘의 소리' '땅의 소리' '사람의 소리'는 모두 모음송母音頌이라는 부제가 붙어 있는 것처럼 모음의 아름다움과 소리의 무궁무진한 변화에 관심을 보인다. 사실 우리말은 소리에 있어 매우 다양하지만, 그 자원을 예술적으로 충분히 이용하는 전통은 아직 미약한 것으로 본다.

양태의의 경우 예를 들면 다음과 같다.

"보기에 좋더라 듣기엔 더 좋더라 다 좋더라"(하늘의 소리) "응애응애 하늘 찢던 소리, 아장아장 땅을 열던 소리, 가다가 흠칫 멈추던 소리……고이 덮어줄 땅의 소리"(땅의 소리) 등인데 범상치 않은 모국어 사랑을 엿볼 수 있다.

2. 대지의 정신과 소통의 상상력

프로이드의 정신분석학에 의하면 인간의 무의식은 호락호락 변하지 않는다. 무의식과 직면하는 자는 정신력의 강자로 부상하는데, 거기엔 초인이 숨어 있기 때문이다.

시나 예술은 작가의 무의식이 변장되어 나온 결과물이며 작가의 창조적인 기능은 결코 과소평가할 수가 없다. 특히 작품의 제작동기는 가장 큰 것으로 본다.

시인의 내면에서 잠자고 있는 어린 시절, 또한 중요한 체험 등은 무의식에서 숨 쉬는 에너지들이다. 흔히 말하는 그리운 세계의 모신母神이 거기 있다.

양태의 시인의 시 의식은 그의 무의식으로부터 테마를 제공받는다. 그가 살고 있는 가정, 당대의 시대의식을 비롯하여 그가 체험한 지성적 사유나 서정이 거의 시가 된다. 우리가 그의 시를 읽고 감상하는 것은 곧 그의 내면과 만나는 일이기도 한 것이다.

이번 제4시집은 안정된 시심으로 시의 결을 거느린 수작들이 보인다. 언어의 진폭이 활발하고 투명하여 산문율이 많으나 현대적인 어조에서 시의 빛이 반짝인다. 앞에서 말한 바와 같이 그는 우리말의 이해와 구사에서 상당한 재질을 갖추고 있음이다. 그는 최고의 선善과 선지식善知識, 자연과의 시적 응용에도 뛰어난 면이 있다.

우리의 몸이란 마음의 그림자에 지나지 않으며 서 있는 나무들의 공空의 세계를 본다. 말하자면 어머니인 대지의 정신을 투영한다.

문화를 숭상하는 사람들은
담을 높이거나 두껍게 벽을 둘러
경계를 세우고
야생을 고집하는 야수들은
제 배설의 냄새나 발바닥과 발톱과
이빨자국을 뿌리며 남기며 경계를 그리는데

〈중략〉

크로노스의 전령인 바람이
입질히디 흘리고 간 제 경계 한 겹씩을
이따금 거두어 사라지곤 한다

-'빛의 경계'에서

선바위 종아리 휘감는 물굽이, 세족도洗足圖 그리는 필획 같다
너럭바위 등짝 갈아대며 그리는 등목도, 시원하겠다
자잘한 돌멩이들 숨비소리 졸졸거리며 물질하는 잠수도潛水圖 속
간지러워 아이, 간지러워!

앉은 바위 사타구니 간질이는 아찔한 운우도雲雨圖까지
이 그림 저 그림 다 엿보며, 나무들
끼리끼리 서서 저것 봐! 저것 봐, 못 말리는 수수방관도
水水傍觀圖 곁에
슬리퍼짝 질질 끌며 지나치던 바람이 어, 하고 멈추어서
일필휘지로 휘갈겨 놓는 관수도觀水圖

– '식장산 물소리'에서

위 두 편의 시는 빛과 물소리를 통하여 사유의 깊이와 폭을 엿보게 한다. 상상력에 의한 사물과 인식이 어떻게 소통의 길을 열고 있는가를 보이기도 한다.

'빛의 경계'는 사람은 담이나 벽을 세우고 야수들은 배설의 냄새나 발바닥이나 발톱이나 이빨자국을 뿌리거나 남겨 경계를 그리지만 빛은 그림자로 영역을 드러내는데 다른 빛들의 간섭을 의식하지 않는다.

불교에서 경계란 과보果報에 의하여 각자에게 주어진 지위나 처지를 일컫는 말이다.

"크로노스의 전령인 바람이/ 입질하다 흘린 제 경계 한 겹씩을/ 이따금 거두어 사라지곤 한다"는 결구는 빛에 대한 놀라운 관찰이다.

'식장산 물소리'는 소통의 상상력에 의하여 뜻밖의 경외감敬畏感을 주는 작품이다. 식장산을 끼고 있는 세천 유원지에 갑자기 불어난 만수위에 대한 기발한 상상력의 소산이다. 1연에서 그 벅

찬 물소리가 쌀 씻는 소리인가, 아니면 몸 씻는 소리인가 하고 자문한다. 그러나 2연의 세족도, 잠수도, 운우도, 수수水水방관도, 관수도 등으로의 환치는 경탄할 만하다.

무넘이(무넘기와 같은 뜻으로 물의 이미지를 살린 말), 흐벅지게(탐스러울 정도로 두껍고 부드럽게), 산소리(남에게 굽히지 않으려고 하는 큰 소리) 등 순수한 우리말을 골라 쓰는 안목에 주목하지 않을 수 없다.

3. 싸우면서 쉬는 긴장의 시

첫 시집의 제호가 된 시 '어오러지어오러지'는 호흡이 긴, 한 문장의 산문시이다. 태백산 구룡소에서 솟아나는 골지천의 정화수가 한양으로 흘러가는 '아우라지강'인데 서기 21세기 초입부터 더럽게 냄새나는 썩은 양심과 뒤범벅이 되면서 '아우라지' 모음자리까지 뒤틀려 '어오러지어오러지' 하면서 동강을 향해 고꾸라지고 있다는 것.

민족정기의 원류인 백두대간에서 구한 발상, 그리고 그것이 '썩은 양심' 때문에 '아우라지강'의 이름까지도 변해 버렸다는 사유의 깊이를 간과할 수 없다.

제2시집 『이명耳鳴』에 오면 88편의 연작시가 한 시집에 묶인다. 비로소 시인의 본격적인 시정신이 집중되는 것을 본다.

또한 '이명'시리즈는 귀울음이라는 병리적인 현상이 이를 동반한 시인의 사색과 깨달음의 촉매로 응용되는 시적 장치로 활용된다.

좋은 시라는 것이 시의 외연과 내포가 지니는 최원最遠의 양극에서 모든 의미를 통일하는 것이라면, 이 연작시는 양태의의 시정신의 집중과 정진을 보여준다. 말하자면 긴장의 미학이라고 하겠다. 두 편의 시를 보기로 한다.

나는 감사한다.
백인종도 흑인종도 아닌 알맞게 익은 황인종임을 감사한다.
크지도 작지도 않은 어중간한 키를 가진 민족임을 감사한다.
많지도 적지도 않은 梁씨로 태어남을 감사한다.

흙으로 빚은 나무에 비가 내려 흙으로 뻗은 가지
구덩이라 할 수도 없는 구덩이 삼성혈三姓穴의 흙 씨는
눈[雪]을 먹는다.
물[水]을 먹는다.
눈도 물도 다 먹어서
눈물도 끄떡없이 삼킨다.
신비스러울 것도 없는 耳鳴
이상스러울 것도 없는 耳鳴이
신비스럽고 이상하게 느껴짐에 감사한다.

하나의 곱절이나 되는 두 눈을 주심에 감사한다.
두 눈 모두가 1.0이나 되는 것에 감사한다.
조간신문에서 박종철 군 고문소리를 듣는 눈

석간신문에서 증권투자로 떼돈 버는 소식을 듣는 눈
볼 것은 다 보고
못 볼 것 마저 보고서도
3년간 쭈욱 1.0을 유지하는 視力이 신기롭다.
신기로운 것들이 뒤범벅이 되어
옴짝달싹 못하고 구덩이 속에서만 뱅뱅거리는 좀사내
구덩이 밖을 헤어나지 못하는 배짱덕분에
큰 탈날 일 없음을 감사한다.

–'이명 · 여덟' 전문

아득한 수유산須彌山 팔 만 유순由旬 골짜기에
자욱이 쏟아 내리시는 산상수훈山上垂訓

–'이명 · 쉰하나' 전문

'이명 · 여덟'은 자신이 황인종이고 한민족으로, 그리고 또 양씨로 태어난 것을 감사한다는 것. 구덩이 삼성혈의 신비스러운 흙에서 왔다는 것. 또 1.0되는 좋은 눈을 주어 조석간에 신문에서 볼 것 못 볼 것 다 본다는 것. 뿐만 아니라 구덩이 속에서 뱅뱅거리는 못난 좀사내 배짱 덕분에 큰 탈 없이 지낼 수 있음에 감사한다는 것이다. 세속을 떠난 달관의 경지이다.

이와 같은 막힘없는 서술은 너무도 솔직담백한 무아경無我境이어서 그것이 곧 시의 감동이다. 열쇠가 상자를 열 듯 문학은 마음을 열어야 하는데, 이 자아도취의 경지가 매력인 것이다.

'이명 · 쉰하나'는 2행시로 수미산의 산상수훈으로 압축된 표현을 보인다. 수미산은 불교의 세계관에서 세계의 중심에 높이 솟아 있다는 산이다. 산꼭대기에는 제석천帝釋天이, 산허리에는 사천왕四天王이 거주하는데 사방에 4대주四大州가 있고, 그 남쪽이 인도 대륙에 해당한다고 한다.

이런 고도로 압축된 단형은 또 하나 시의 매력이 아닐 수 없다.

4. 시정신의 지향과 묵시록黙示錄

시는 말들의 굽이치는 물결로 일컬어진다. 그리고 시에 깊은 뜻이 넉넉할수록 그의 수심水深도 깊어진다. 시인이 지향하는 시정신에 따라 그 묵시의 성숙을 보게 된다.

또한 문학은 사회적 산물임이 자명하다. 그것은 사회적 소통인 언어를 매개로 하여 저자와 독자의 관계로 비롯되며, 소재 또한 인간의 사회생활이기 때문이다. 치열한 시 정신일수록 계시啓示하는 바가 다양하게 될 것이다. 일반적으로 종교나 도덕성의 계시에 비하여 시에 있어서는 시적 유연성이 더 요구된다고 할 수 있다.

양태의 시인의 제3시집 『혼자 우는 뒷북』은 부모에 대한 작품만으로 되어 있다. 1부 아버지(38편), 2부 어머니(28편)로 모두 66편이다. 작품들은 효도라는 개념이기보다는 깊은 인간성의 가족애가 깊은 시심을 뒷받침한다. 시집의 제호가 된 '혼자 우는 뒷북'은 "동구 밖 꽃상여에 모시고 따라가던 날"로 곧 출상의 감회이다.

여기에서는 아버지와 어머니 편에서 한 편씩을 골라 살펴보기로 한다.

좀처럼 열리지 않는 외통수
아침이 와서 손짓해도 무더위가 대낮을 푹푹 삶아도
저녁별이 인사를 해도
닫힌 그대로다.

강제징용으로 현해탄을 건너고 보국대의 준령을 넘어
남선전기주식회사 시절의 감질나는 등화불로
온갖 탑새기 뒤집어쓰면서
새우잠으로 겨우겨우 돌리던 방축리 방아간
그 5마력 짜리 시골 정미소
끊어질듯 넘어질듯 가쁜 숨 몰아
빚 고개, 눈치고개, 코치고개, 염치고개 가까스로 넘고 넘어
6남매 밥 먹여 학교 보내고
절망의 위궤양 쓸어안으며 쓰러질듯 꺾어질듯
기적처럼 회생한 팔순의 고목

耳鳴의 절벽을 헛디딘 절뚝거리는 노정의 골짜기에서
아 어쩌나 허망의 밤을 흔드는 저 코골음과 잠꼬대
당신의 뼈를 깎아 키운 자식들 뿔뿔이 흩어져 제 갈길 가고
형광등 불빛도 지지거리며 조는데

TV를 박차고 튀어나오는 마감뉴스가
어머니를 깨운다.

훔쳐갈 것도 없고 빼앗길 것도 없는 그러나
지키고 싶은 욕망의 당신 마지막 영토의 변방
아들 대신 세워둔 몽둥이 병사 혼자 횃대 밑 구석에서
보초 서고 있다, 불변의 충성
저 외골수의 부동자세로.

–'아버지의 방 · 2' 전문

세상의 모든 어머니들
동그라미입니다.
처음부터 동그라미였지요.
중간에도 동그라미였구요.
나중에도
결국은 동그라미입니다

계수나무 아래서
토끼 방아 찧는 이야기로
휘영청 밤길 밝혀주시던 동그라미

내가 손발 오그리고 들어 있던 자리
동그랬는데

나 발 뻗고 쉬었던 자리도
동그랬는데
마지막 내가 누울 자리
둥그렇게 비워 놓으신
동그라미 어머니

-'어머니 동그라미' 전문

잠언에는 지혜로운 아들은 아비의 기쁨이요, 어리석은 아들은 어미의 근심이라는 말이 있다. 양태의 시인은 장남으로 태어났고 시적인 지혜와 따뜻한 인성을 함께 갖춘 아들임을 엿보게 한다.

'아버지의 방 · 2'는 아버지의 생애가 파노라마처럼 울린다. 일제의 강제징용으로부터 6남매를 키운 아버지가 지금은 기적처럼 회생한 팔순의 고목으로 표현된다.

이 시의 압권은 마지막 연으로 "불변의 충성/ 저 외골수의 부동자세로"인데 문학적 테마와 문체가 성숙된 표현이다. 여기서 개인적 방정식이 사회적 방정식으로 전환된다. 흔한 감상적 서정을 뛰어넘는 표현인 것이다.

'어머니 동그라미'는 모성애를 끝이 없는 사랑의 둥근 원으로 보는 것이다. 그 발상은 "마지막 내가 누울 자리/ 둥그렇게 비워 놓으신/ 동그라미 어머니"로 나의 죽음, 나의 영원까지 이어진다.

일반적으로 부모나 가족을 소재로 한 시는 '생활시'로 분류할 수 있고 흔한 만큼 예술로서 성숙이나 독자성은 기대하기 어렵다. 그러나 우리의 시사에서 일컬어지는 '시의 위의威儀'란 안 보이는 듯하면서도 그 권위를 부정하기 어렵다. '생활시'의 한계가 여기 있을 것이다. 어쩌니 해도 시의 진정한 주제는 언어이다. 지금 세상의 기준은 이미 변했다. 시가 길어지고 그것도 산문율로 변했으며, 전통보다는 과감한 시어의 혁명이 시험된다. 시의 정렬성 변칙, 정체성의 폭발, 사회적 이슈에 대한 관심 등이 시의 본질과 충돌하며 발표된다.

양태의 시인은 본질적으로 평이하고 진솔하며 사물을 창조적으로 관찰하는 태도를 견지한다. 양태의 시의 접신接神 지점도 거기서 빛난다.

어휘의 발굴과 신선한 활용을 비롯한 그의 수사학은 이 시대의 정체성에 큰 진경의 하나라고 하겠다. 그의 치열한 시정신은 새롭고 독특한 묵시록을 선보인다. 어둠은 평등하다고 한다. 양태의 시인의 시혼은 지금쯤 은하철도역에 당도하고 있을 것이다. 분명, 좋은 시를 맞이할 것이다.